ALC

Apprivoise les couleurs

Angélique Lemineur Carlo

ALC
Apprivoise les couleurs

© 2023 Angélique Lemineur Carlo

Édition : BoD – Books on Demand, info@bod.fr
Impression : BoD – Books on Demand,
In de Tarpen 42, Norderstedt (Allemagne)
Impression à la demande

ISBN : 978-2-3222-5834-5

Dépôt légal : Mars 2023

Pour mon époux Bernard

Pour mes enfants Mary-Lou & Tom

Pour mes 40 ans...

Préface

Les années passent... défilent à toute vitesse et l'on se réveille un jour, sans aucune raison particulière, à l'aube de la quarantaine, en se disant que l'on a envie de faire autre chose ; de sortir de notre train-train quotidien.

Cela fait dix-huit ans que je travaille dans la même entreprise, déjà ! Je n'ai pas vu le temps passer ; mais aujourd'hui je me demande si je souhaite me limiter à ce job ou si j'aspire également à autre chose.

Depuis quelques temps, une idée germe en moi... celle de transmettre. Je ressens la maturité nécessaire pour me lancer à présent dans ce nouveau défi.

Mon parcours professionnel atypique m'a amené à étudier les couleurs et je dois dire que depuis cela a été une révélation !

Elles font partie intégrante de ma vie (et de notre vie plus généralement). On les côtoie, on peut également les analyser dans tout ce qui nous entoure : la façon de se vêtir, la manière de décorer l'intérieur de notre maison, etc.

J'ai découvert les couleurs dans un tout autre domaine… le bien-être.

Je vous l'accorde c'est surprenant et vous serez encore davantage étonné lorsque je vous expliquerai comment je mets en relation couleur et bien-être.

J'ai eu un véritable coup de cœur pour les couleurs et l'incorporer dans le bien-être a été pour moi une évidence ; si bien que j'ai décidé d'en faire ma signature. Mais nous y reviendrons plus tard.

Lorsque l'on aborde les couleurs, il est nécessaire de savoir quelle place on lui accorde ; parce que les couleurs nous entourent, elles sont partout et elles sont en nous.

Très souvent, les personnes avec qui j'échange sur les couleurs me disent que le rouge ou le bleu « c'est ma couleur ! ». Que veut-on dire par là ? La trouvons-nous simplement jolie ? Est-ce que son énergie résonne en nous ? Est-ce que la couleur nous définit ? Est-ce que l'on estime qu'elle nous représente ? Et celle-ci, est-ce qu'elle nous accompagne temporairement (comme il est très souvent le cas) ou est-ce cette couleur qui nous suit depuis notre plus tendre enfance ?

Toutes ces questions amènent à prendre quelques instants afin de décrypter la signification des couleurs tout en gardant à l'esprit (et il est très important de s'en souvenir et de rester humble), qu'il ne s'agit pas d'une science exacte.

La signification des couleurs est simplement une information. Cela ne remplace absolument pas la consultation auprès d'un professionnel de santé et un traitement médical.

Il faut se rappeler que le message de chaque couleur peut convenir au moment précis où nous abordons la couleur mais que quelques jours après une autre teinte nous conviennent davantage (comme notre humeur du moment qui évoluera en fonction de notre vécu).

De plus, il est probable que la signification de la couleur ne vous fasse référence à rien qui vous concerne au moment de l'analyse.

Ce n'est pas un problème ; ne vous offusquez pas.

Comme nous l'avons dit premièrement ce n'est pas une science exacte ; deuxièmement, chaque couleur a plusieurs significations ; il est fort possible et normal que certaines ne vous correspondent pas et troisièmement peut-être que le message de la couleur vous parviendra par la suite en dormant un peu dessus.

Je tiens à apporter une précision au sujet des différentes couleurs, certaines ne vont pas nous plaire esthétiquement, comme on dit « les gouts et les couleurs ne se discutent pas » ; mais gardez à l'esprit que chaque couleur a une signification différente. Il est essentiel de se dire qu'à un moment de notre existence nous y serons forcément confrontés, même si celle-ci ne nous plaît pas.

En effet, durant notre vie, nous traversons des épreuves ou des moments de joies, nous ressentons des émotions différentes, nous passons par tous les stades et ainsi par toutes les couleurs.

Ce n'est pas parce que nous n'apprécions pas telle couleur que nous n'en avons pas le ressenti ou le besoin à un moment donné de notre vie.

Il est également possible que vous vous reconnaissiez dans la signification d'une couleur et que bien que celle-ci ne soit pas esthétiquement à votre gout, le message de celle-ci résonne en vous et qu'elle devienne un peu votre couleur de référence.

Table des matières

Chapitre 1 :
Comment en suis-je arriver là ?

Depuis de nombreuses années, je travaille dans une grande entreprise de transport.

J'ai changé plusieurs fois de postes au sein de la même entreprise, ce qui me convient bien ; moi qui aime la polyvalence et avec l'épidémie de Covid-19 où il a fallu s'adapter dans notre façon de travailler et de vivre plus généralement (confinement, télétravail, habitude de consommation, etc.) j'ai commencé à me demander comment je pourrais m'épanouir davantage professionnellement.

Cette période de confinement m'a permis de réfléchir à peut-être (à ce moment-là ce n'était qu'une idée qui commençait à germer) envisager une autre activité professionnelle.

J'ai consulté en ligne les formations accessibles afin de créer ma microentreprise.

J'ai donc commencer à chercher un domaine qui serait susceptible de me plaire. En pleine épidémie, nous vivions une période de stress que je trouvais particulièrement anxiogène ; j'ai donc cherché un domaine qui apporte du réconfort, de la sérénité et du bonheur. J'ai ainsi envisagé le bien-être.

Cependant le domaine est vaste, surtout depuis quelques années ou les pratiques se sont nettement démocratisées.

Alors, pour trouver une activité qui me plaise et qui sorte un peu de l'ordinaire ce n'est pas forcément évident de prime abord.
Effectivement, je suis par nature quelqu'un d'atypique et j'aime m'orienter dans les domaines peu explorés.

Je consulte une formation de massage bien-être relaxant qui m'inspire bien. Etant adepte des massages en tant que cliente, je sais ce que j'en attends (et ce que je ne veux pas !) alors pourquoi ne pas essayer. Le seul hic c'est l'originalité recherché, de ce côté-là le compte n'y est pas. Le marché est saturé alors comment trouver ma place ? Comment faire en sorte que l'approche de mes massages soit différente de ce que l'on trouve généralement. Très rapidement, je me dis qu'il va falloir trouver autre chose… une signature personnelle.

A ce moment-là, je ne sais pas encore que les couleurs vont venir jusqu'à moi mais je suis prête à tenter le coup avec les massages bien-être.

Je réalise la formation du modelage relaxant qui m'a beaucoup plu. Je décide donc de me faire former à plusieurs techniques de massages bien-être et de lancer la création de ma microentreprise.

Quelques mois plus tard, ALC bien-être est créé.

Je commence à réaliser les prestations massages, cela me plaît beaucoup mais il me manque toujours cette signature ; cette particularité qui pourra me différencier des autres masseuses.

Lors d'une autre formation massage bien-être ; la formatrice aborde un thème qu'elle propose également : le « massage et couleur ».

Je suis intriguée, la formatrice passionnée me donne envie d'en savoir plus... Je décide donc de m'inscrire à cette formation, au départ simplement pour faire une formation un peu ludique, qui sorte de l'ordinaire... un peu par hasard.
Même si, il n'y a pas de hasard dans la vie, il n'y a que des rencontres, me voilà donc quelques temps plus tard à cette formation.

Comment décrire ces cours ?! Une révélation !

Je suis absorbée par les couleurs, par leurs significations, par leurs puissances, par leurs vibrations, par leurs énergies…

L'envie d'apprendre et d'en connaître toujours davantage se fait ressentir.
Je me plonge pleinement dans l'océan de possibilités qu'offrent les couleurs.

Pour maîtriser mon sujet, je travaille sans relâche ; j'investis dans des livres d'auteurs pour m'imprégner de toutes les significations possibles… et il y en a… parfois trop !

Les réactions autour de moi, aussi bien inattendues, qu'intriguées me confortent dans l'idée que les couleurs sont sources de curiosité, d'interrogations et de plaisir…

La voilà ma signature !

Alors pourquoi écrire un autre livre sur le sujet ?

Parce que parmi toutes mes lectures, j'en ai trouvé des trop succinctes mais également des trop complexes et aujourd'hui j'aimerais que le plus grand nombre puisse avoir des connaissances sans forcément étudier le sujet pendant des années.

J'ai également fait le tri dans tout ce que j'ai pu lire sur les couleurs et j'en ai fait un mélange.

Chapitre 2 :
Les différentes couleurs

Nous allons à présent entrer dans le vif du sujet.

Le nombre de couleurs peut varier à l'infini. Il y a tellement de variétés de vert, d'orange et de toutes les couleurs que j'ai choisi d'en développer certaines.
Concernant les 7 couleurs principales qui seront abordées, je n'ai rien inventé, elles correspondent aux couleurs de l'arc-en-ciel mais également aux couleurs des 7 chakras.

Dans l'ordre nous avons le rouge, l'orange, le jaune, le vert, le bleu, l'indigo et le violet.

Chacune de ces couleurs sera abordée en 3 parties : la version claire, la vive et la foncée.

Lorsqu'il s'agit d'une couleur dite « clair » c'est qu'il y a le manque d'un élément, ou un « trop peu » ; lorsque la couleur est « vive » c'est que le rapport au sujet est équilibré ; en revanche lorsque la couleur est « foncée » c'est qu'il y a un excès.

Il est important, avant d'aller plus loin dans l'étude des couleurs de réfléchir quelques instants à ce que chacune d'elle représente pour nous et à quoi elles nous font penser.

Si vous le souhaitez, vous pouvez écrire sur une feuille des mots clefs qui vous viennent à l'esprit en évoquant ces couleurs.

Cela peut être en lien avec un objet, avec la couleur dont nous matérialisons ou un ressenti.
Par exemple : le ciel est bleu ; d'ailleurs nous nommons cette couleur « bleu ciel » mais qu'est-ce que cela évoque ? La liberté ?
Quant à la couleur rouge ? Cela peut faire penser à la justice ? à quelque chose de solide et rigide ? Chacun peut avoir sa propre interprétation et son propre ressenti.

Nous développerons cela couleur par couleur.

Nous aurons donc à ce stade 21 couleurs à développer.

Ensuite, nous aborderons des couleurs que je mets dans la catégorie des couleurs invitants à prendre soin de soi et à s'écouter davantage.

Telles que le noir, le blanc, le gris, le marron, le pourpre, le kaki, la prune, le turquoise.

Ces 8 teintes bien que sombres par la couleur et par certaines des significations ne doivent pas effrayer car dans chaque couleur, il y a toujours des aspects positifs.

Et enfin, les 13 dernières couleurs font partie de la catégorie des couleurs invitant à la bienveillance comme le fuchsia, le multicolore, l'ocre, le caramel, le rose, le nacre, le sable, le transparent, le lilas, le safran, l'or, l'argent et le bronze.

Une fois l'ensemble de ces couleurs abordées nous aurons étudié 42 couleurs.

Je donne à certaines couleurs des petits surnoms, ne soyez pas surpris de les voir mentionné.

En fin de livre, l'ensemble des couleurs est repris dans un nuancier afin de distinguer les subtilités des couleurs.

Lorsque l'on voit une couleur mais sans être à proximité immédiate des autres, il est parfois difficile de différencier un orange vif d'un orange foncé par exemple. C'est pourquoi ce nuancier peut vous faciliter à distinguer la bonne couleur et par décalage à indiquer la bonne signification.

Chapitre 3 : Comment analyser les couleurs ?

La question qui se pose très rapidement, même lorsque l'on connait la signification des couleurs est : comment aborder les couleurs, comment la couleur vient-elle jusqu'à nous au moment précis où l'on souhaite savoir laquelle nous correspond à l'instant T.

Pour cela, j'utilise un jeu de cartes de couleurs. Soit une version vierge avec uniquement la couleur sur la face, soit un jeu avec quelques mots clés repris sur la même face que la couleur présente.

Le premier jeu permet de ne pas dévoiler à son interlocuteur immédiatement la signification de la couleur et également de ne pas inquiéter la personne si le message de la carte est un peu sombre ; alors que le deuxième jeu est plus confortable lorsque l'on débute avec les couleurs mais dévoile le résultat un peu rapidement, à peine la carte retournée.

Libre à chacun de choisir de quelle façon il veut aborder l'analyse.

Donc pour expliquer comment se déroule le tirage de cartes de couleurs, il suffit de mélanger le jeu, étaler les cartes sur une table en mettant la face de couleurs cachée contre la table afin de ne pas être influencé.

La personne doit essayer d'être concentrée à ce qu'elle fait et à son tirage de carte et ne pas raconter son prochain week-end, ou la vie de ses enfants. Il est important de rester centrer sur soi.

Notre interlocuteur va donc tirer 7 cartes correspondants à chacun des chakras.

Il est important de respecter l'ordre de tirage des cartes parce que dans l'explication à transmettre cela différera.

Les cartes peuvent être mises en place horizontalement ou verticalement. C'est d'ailleurs cette dernière approche que j'affectionne particulièrement (hormis si le lieu dans lequel nous réalisons le tirage permet davantage de poser les cartes horizontalement sur une table étroite) parce qu'elle permet de représenter davantage les chakras et le corps humain.

Le premier chakra de couleur rouge correspond au chakra racine (des pieds jusqu'aux hanches). Ainsi lorsque la première carte sera tirée, elle représentera ce que je suis.

Les chakras ont une couleur qui les définit mais néanmoins, si vous piochez une carte d'une autre teinte il suffit d'adapter la couleur tirée avec la signification du chakra.

Ce qui peut être intéressant, c'est dans le cas où vous piochez une carte comportant une couleur correspondant à la même que celle du chakra.
On comprend dans ce cas précis le message de la couleur est d'autant plus puissant et plus significatif.

Avec ce chakra nous pouvons nous questionner pour savoir si l'on a la force, la volonté et l'énergie pour mener à bien ce que l'on entreprend ? Nous pouvons également nous demander si nous nous sentons en sécurité dans notre vie que ce soit d'un point de vue familial, financier, professionnel ou si nous avons encore des incertitudes est-ce qu'on le vit bien ou est-ce une source d'angoisse ?

Le deuxième chakra de couleur orange se rapporte au chakra sacré (des hanches jusqu'au bas ventre). En ce qui concerne cette carte, on analysera ce que je ressens et également la notion de plaisir.

Ce chakra invite à la réflexion sur le temps que l'on prend pour soi, sur le fait d'être à l'écoute de ses envies et de son corps ? Et également sur le fait d'exprimer ses sentiments et ses émotions ?

Le troisième chakra est apparenté à la couleur jaune et est relié au chakra plexus solaire (il se situe au niveau du ventre et jusque sous la poitrine). Pour ce chakra, on se demandera comment je rayonne en société, comment je suis perçu(e).

Pour ce chakra, c'est notre identité et l'image que l'on renvoie qui est évoqué. Est-ce que j'ai confiance en moi ? Est-ce que je m'estime à ma juste valeur ? Si l'on répond par l'affirmative c'est souvent l'image que l'on transmet autour de nous.

Ces trois premiers chakras sont complémentaires et à ne pas mélanger car il peut y avoir de grandes différences entre ce que je suis, ce que je ressens et comment je suis perçu(e) par les autres.

Parfois, nous avons tendance à nous y perdre dans nos propres sentiments et nous pensons que ce que nous ressentons est identique à la façon dont nous sommes vus par la société.

Concernant le quatrième chakra, sa couleur est le vert et il se rapproche du chakra du cœur (pour celle-ci pas de surprise niveau corps humain il se rapproche du cœur). En tirant cette carte, on étudiera comme j'aime ou bien je m'aime.

Ce chakra évoquera l'amour au sens large du terme. L'amour envers les autres et envers soi-même. C'est la couleur des relations humaines et surtout de comment je vis ces relations, suis-je épanoui(e) ? Est-ce que j'ose dire ce que je ressens ?

Le cinquième chakra est bleu et il se rapproche de la zone de la gorge et il porte également son nom. On se demandera pour ce chakra comment je communique, je m'exprime.

En effet, ce chakra évoque avec quelle facilité j'arrive à échanger avec les autres (que ce soit en langage oral ou avec l'intermédiaire de son corps, par un côté artistique ou créatif). Quel communiquant suis-je ?

Le chakra suivant, le sixième, est de couleur indigo. Il se nomme le chakra troisième œil et se situe entre les deux yeux. Avec cette carte, je réfléchis à ce dont je prends conscience.

Avec ce chakra, nous étudions la prise de conscience, la réalisation.

Concernant le premier point : Est-ce que je sais profiter des moments de bonheur et de l'instant présent ? Et concernant le deuxième point, est-ce que je réalise les projets que je me suis fixé ? Est-ce que je m'en donne les moyens ? Suis-je déterminé(e) ?

Enfin, le septième chakra est violet. Il se nomme le chakra couronne, il est évidemment situé au-dessus de notre tête et il invite à envisager ce vers quoi je tends, vers quoi je m'oriente, comment je dirige ma vie.
Avec ce dernier chakra nous abordons un sujet plus spirituel comme la philosophie de vie, est-ce que je suis la voie que je souhaite ?

Nous venons d'effectuer une première approche, dans les grandes lignes, un rapide descriptif des chakras.

Pour le moment cela peut encore paraître abstrait mais une fois que nous aurons appris les significations des couleurs, nous réaliserons un tirage et je vous donnerai l'explication correspondante.

L'intérêt de relier les chakras et de se poser les bonnes questions au moment où l'on tire la carte permet d'avoir un cadre et de savoir à quoi le message de la couleur est relié.

En revanche, pour les tirages pressés et rapide, nous pouvons également adapter le nombre de cartes à tirer.

En effet, nous avons la possibilité de réaliser un tirage de deux cartes seulement pour lesquelles nous nous demandons pour la première carte comment je vais ? et pour la deuxième carte de quoi ai-je besoin ?

Nous pouvons aussi garder à l'esprit que le nombre de cartes est adaptable et qu'il est tout à fait possible d'imaginer trois ou quatre cartes avec des questions adaptées à chaque cas.

Il m'arrive également de montrer les cartes de couleurs à la personne en face de moi et de lui demander vers quelle carte elle irait spontanément sans réfléchir.
J'ai d'ailleurs été surprise que les interlocuteurs me disent avoir été attirés par une couleur qui au départ ne leur plaisait pas forcément.

Le fait que le tirage de cartes ne soit pas une science, permet d'adapter les méthodes de tirages, en fonction de son ressenti.

Je vous transmets un cadre et une méthode mais vous pouvez l'adapter à votre convenance.

Chapitre 4 :
QUIZ SUR VOTRE
PERSONNALITE

Les Sept couleurs de l'arc-en-ciel sont toutes en nous mais à des degrés différents et étant donné que chaque teinte de chaque couleur à des significations sensiblement différentes ; nous allons voir au travers d'un petit quiz (par couleur de l'arc-en-ciel) quelles sont celles qui vous correspondent (en tout cas à l'instant T ou vous effectuerez ce petit test).

Comme nous l'avons étudié précédemment, les couleurs qui nous correspondent peuvent changer en fonction de notre humeur, de notre état d'esprit, etc. Mais il est aussi possible qu'une couleur nous accompagne tout au long de notre vie car cela correspond à notre caractère.

Chapitre 5 :
Le rouge

Avant de développer cette couleur et ses trois variantes, il est important de savoir quelques fondamentaux de base sur le rouge.

Le rouge est avant tout la couleur de l'énergie vitale.

C'est une couleur d'ancrage, qui aspire à la sécurité, à l'autonomie la motivation, la volonté.

ROUGE CLAIR :

- Fatigue
- Manque d'autonomie
- Manque de volonté
- Manque d'énergie vitale
- Sentiment d'abandon, de rejet
- Sentiment d'insécurité
- Solitude
- Redémarrage à zéro en cours.

ROUGE VIF :

- Autonome
- Débrouillard
- Bon ancrage
- Volonté et endurance
- Aptitude à gérer le concret
- Solitaire

ROUGE FONCE :

- Porte beaucoup de choses tel un pilier
- Porte à bout de bras
- Sécurisant pour les autres
- Protecteur
- Excellente endurance
- Possible besoin de se poser, de souffler
- En fait trop, besoin de repos
- Phase d'aboutissement

Quel rouge êtes-vous ?

Je vous propose de réaliser ce petit « test » pour découvrir quelle teinte de rouge vous correspond.

Question 1 : Estimez-vous avoir trop de choses à porter et supporter dans votre quotidien ?

> A. Oui mais je n'ai pas la force de tout gérer correctement dans ma vie.
> B. Non j'arrive à mener de front l'ensemble des contraintes de ma vie
> C. Oui mais parfois j'ai la sensation de trop « porter » de choses tel un pilier

Question 2 : Comment vous sentez-vous ?

> C. En pleine forme
> A. Fatigué(e)
> B. Je me sens bien

Question 3 : Comme vous qualifieriez-vous dans vos relations avec les autres ?

C. Intrusif et trop présent : quand j'aime quelqu'un j'aime être collé à lui en permanence

B. Si l'on a besoin de moi je réponds toujours présent même si l'on ne se voit pas quotidiennement

A. Peu présent. Loin des yeux, loin du cœur. Je croise des personnes mais sans m'attacher et sans prendre des nouvelles.

Question 4 : En cas d'imprévu financier, comment réagissez-vous ?

A. Je suis abattu(e) ; c'est injuste, le destin s'acharne !

C. Pas de problèmes, étant prévoyant(e) j'ai de l'argent de côté pour palier à ce coup dur.

B. C'est ennuyeux mais j'ai de quoi me sortir de ce mauvais pas

Vous avez une majorité de réponses A.
Vous êtes ROUGE CLAIR :

Vous vous sentez fatigué(e) et débordé(e) par toutes les tâches que vous avez à accomplir. Vous vous sentez seul, vous avez également un sentiment d'insécurité qui vous habite et de ce fait, il y a certaines choses que vous n'avez pas envie de réaliser car personne autour de vous pour les partager.

Vous avez tendance à attendre que les autres fassent les choses à votre place et vous vous lamentez facilement sur votre sort.

Essayez de tenter de réaliser certaines choses par vous-même en vous lançant de petits objectifs (atteignable). Vous ressentirez davantage de satisfaction d'avoir réussi par vous-même.

Vous avez une majorité de réponses B.
Vous êtes ROUGE VIF :

Vous savez gérer votre vie, votre quotidien et les contraintes qui s'y rapportent. Vous êtes quelqu'un d'actif et de débrouillard. Vous savez créer et entreprendre. Vous pouvez être quelqu'un de solitaire sans que cela ne soit quelque chose de pesant pour vous. Au contraire, vous pouvez grâce à votre mode de vie ressentir un grand sentiment de liberté.

Vous avez une majorité de réponses C.
Vous êtes ROUGE FONCE :

Vous êtes quelqu'un de fiable, sur qui l'on peut compter. Vous êtes capable de porter beaucoup de choses (dans votre vie comme de soutenir les autres qui vous entourent). Attention à ne pas être trop intrusif dans la vie d'autrui. Vous êtes quelqu'un de prévoyant qui anticipe son avenir mais parfois tout gérer aussi bien dans votre vie que dans celles des autres peut-être pesant (pour eux ou pour vous). Vous pouvez ressentir un poids et l'envie de vous poser.
Un peu de légèreté peut également vous faire le plus grand bien.

Chapitre 6 :
Le orange

Lorsque l'on évoque la couleur orange il est essentiel de ramener celle-ci aux sentiments et à la notion de plaisir.

C'est une couleur qui se rapporte aux émotions, au fait de prendre soin de soi et à la création.

ORANGE CLAIR :

- Sentiment de frustration
- Emotions contenues
- Manque de plaisir
- Manque de spontanéité
- Manque d'inspiration
- Il existe une coupure avec son corps
- Se s'écoute pas assez

ORANGE VIF :

- Prends soin de son corps
- Sait gérer ses émotions
- Sait se faire plaisir
- Dynamique
- Fait preuve d'originalité
- A des idées

ORANGE FONCE : dit la « cocotte-minute »

- Beaucoup d'énergie
- Hyperémotivité
- Attention « cocotte-minute »
- Tendance à l'excès
- Difficile à canaliser
- Provocation possible

Quel orange êtes-vous ?

Je vous propose à présent un petit test pour déterminer quel orange vous êtes.

Question 1 : Quelle part accordez-vous au plaisir ?

C. Le plaisir a une très grande part dans ma vie. De ce point de vue, je me fais passer avant les autres.

B. Je sais ce qui est bon pour moi et je tente de m'accorder quelques moments de détente.

A. J'ai tendance à m'oublier au profit des autres

Question 2 : Comment agissez-vous pendant les soldes ?

C. Je me fais plaisir, quitte à dépasser mon budget...

A. S'il y a des bonnes affaires, je regarde en premier pour ma famille et peut-être en fin de journée pour moi.

B. Si c'est une bonne affaire je me fais plaisir, et si l'article est un peu onéreux, je patiente et je verrai lors d'une prochaine occasion.

Question 3 : Si quelqu'un a des propos avec lesquels vous n'êtes pas d'accord et qui vous agacent, comment vous comportez-vous ?

B. Je lui exprime mon désaccord calmement en argumentant mes propos

A. Je rumine en silence mais je n'affronte pas frontalement la personne

C. Je dis clairement mon point de vue, parfois de façon un peu brutale. Les mots sortent comme ils me viennent.

Question 4 : Quel est le rapport que vous entretenez avec votre corps ?

B. Je m'écoute et m'accorde de l'attention (sport, massage)

C. Il est très sollicité (sorties, soirées)

A. Je ne suis pas à l'aise avec mon corps, un peu complexé(e)

Vous avez une majorité de réponses A.
Vous êtes ORANGE CLAIR :

Vous avez tendance à garder vos émotions pour vous et à ne pas les exprimer explicitement. Vous n'osez pas dire ce que vous ressentez. De ce fait, vous pouvez manquer de spontanéité. Vous risquez de percevoir un sentiment de frustration du fait de ne pas vous écouter et de ne pas vous faire plaisir. La conséquence est que vous vous coupez de votre corps. Osez être vous ! ☺

Vous avez une majorité de réponses B.
Vous êtes ORANGE VIF :

Vous savez vous faire plaisir, vous écouter mais de façon raisonnable. Vous savez dire ce que vous pensez, posément, simplement, au fur et à mesure que vous ressentez les choses.
Vous savez ce qui est bon pour vous et vous prenez soin de votre corps et de votre mental.
Vous êtes dynamique et vous avez des idées originales.

Vous avez une majorité de réponses C.
Vous êtes ORANGE FONCE :

Vous êtes très dynamique (voire trop), limite difficile à canaliser. Vous avez beaucoup d'énergies ; vous avez des tas d'idées en tête et un programme toujours bien chargé.

Vos échanges avec les autres sont très vifs. Vous pouvez souvent garder ce que vous pensez pour vous mais lorsque vous dites enfin ce que vous ressentez, c'est souvent comme ça vient telle une « cocotte-minute ». Vous êtes souvent extraverti(e), attention aux excès !

Chapitre 7 :
Le jaune

Poursuivons avec la couleur jaune. C'est une couleur qui se rapporte à l'organisation, à l'esprit construit et à la charge mentale.

Cette couleur aborde très souvent le milieu professionnel... mais pas que...

JAUNE CLAIR :

- Manque de confiance en soi
- Manque de structure
- Manque d'organisation
- En quête de style et d'identité, se cherche
- Gagne à étudier, à apprendre

JAUNE VIF :

- Confiant en son avenir
- Rayonne
- A conscience de sa valeur, de ses qualités
- Esprit construit
- Sait s'organiser
- Sait argumenter

JAUNE FONCE :

- Contrôle énormément
- Manque de spontanéité
- En quête de reconnaissance
- Mental très sollicité
- Déconnecte difficilement du travail

Quel jaune êtes-vous ?

Maintenant place au petit test pour savoir quel type de jaune est le plus présent en vous.

Question 1 : Avez-vous confiance en vous ?

      C. Tout à fait, je suis sûr(e) de moi
      B. Oui dans l'ensemble
      A. Pas du tout, je doute en permanence de mes aptitudes

Question 2 : Si l'on vous demande de choisir une destination de balade, comment réagissez-vous ?

      B. Je peux proposer deux ou trois idées
      C. Je choisi la destination en fonction des guides touristiques que j'ai pu consulter et des avis laissés sur internet.
      A. Je ne me prononce pas, je préfère laisser les autres décidé.

Question 3 : Lorsque vous recevez une facture à régler, comment agissez-vous ?

B. Je la règle quelques jours après l'avoir reçue.
A. Je la règle après avoir reçu une relance
C. J'ai mis en place un prélèvement automatique ou je la règle le jour même où je reçois le courrier.

Question 4 : Quelle importance accordez-vous à votre job ?

A. C'est uniquement un job alimentaire, je fais ce que j'ai à faire pendant mes heures de service.
B. J'arrive bien à faire la séparation entre les moments consacrés à mon emploi et mon temps personnel mais je peux raconter à mon entourage ma journée de travail si un événement particulier se passe.
C. Mon travail fait partie intégrante de ma vie. Je n'hésite pas à consulter mes mails même durant mes jours de repos.

Vous avez une majorité de réponses A.
Vous êtes JAUNE CLAIR :

Vous avez tendance à manquer de confiance en vous et/ou de connaissances. Vous êtes souvent quelqu'un qui cherche son style, son identité et qui laisse les autres prendre les décisions à sa place.
Vous pouvez également être une personne peu organisée.
Vous pouvez être un peu en retrait parfois.

Vous avez une majorité de réponses B.
Vous êtes JAUNE VIF :

Vous êtes quelqu'un qui a confiance en soi tout comme en votre avenir. Vous avez conscience de votre valeur ainsi que de vos qualités. Vous êtes organisé, grâce à votre esprit construit.
Vous savez argumenté en défendant vos intérêts.
Vous rayonnez aux yeux des autres !

Vous avez une majorité de réponses C.
Vous êtes JAUNE FONCE :

Vous êtes une personne très organisée et parfois trop... Cela peut manquer parfois de spontanéité car vous contrôlez énormément.

Vous avez en effet besoin de tout contrôler, c'est plus fort que vous mais cela vous fatigue également car votre mental est très sollicité.

Vous avez un besoin de reconnaissance dans divers domaines mais notamment dans votre vie professionnelle.

Le revers de la médaille c'est que vous avez des difficultés à déconnecter et à « poser votre cerveau » pour vous reposer des sujets d'actualités.

Chapitre 8 :
Le vert

Ensuite, vient le vert. Cette couleur aborde les relations sociales et le rapport à l'humain (aussi bien le cercle rapproché avec les proches que plus général avec la place dans la société).

VERT CLAIR : dit la couleur des Bisounours

- Sensibilité importante
- Contact facile
- Sociable
- Possible timidité
- Possible naïveté (trop gentil)
- Relationnel superficiel parfois
- Privilégie les grands groupes de personnes mais pas approfondis

VERT VIF :

- Relationnel sain, équilibré
- Gout pour les projets communs
- Doué pour les échanges et partages
- Amour et respect d'autrui
- Privilégie les petits groupes de qualité

VERT FONCE :

- Très généreux (parfois trop)
- Difficulté à poser des limites
- Envahissement par autrui possible
- Goût pour les relations humaines
- Préfère se retrouver en clan

Quel vert êtes-vous ?

Maintenant place au petit test pour savoir quel type de vert est le plus présent en vous.

Question 1 : Quelles sont les types de relations que vous préférez ?

> A. J'aime être entouré de nombreuses personnes (que je sois proche d'elles ou pas)
>
> C. Je préfère être en clan, en petite tribu (famille, amis)
>
> B. J'affectionne d'être en tout petit groupe de qualité (avec mon conjoint, enfants mais un cercle très rapproché)

Question 2 : Quel est le trait de personnalité qui vous correspond le mieux ?

> C. Très généreux, parfois trop
>
> B. Relation basée sur le respect mutuel, entraide et partage.
>
> A. Personne timide, gentille, arrangeante et parfois naïve

Question 3 : Si quelqu'un de votre entourage souhaite s'inviter chez vous alors que vous n'en avez pas envie, comment réagissez-vous ?

C. Je n'ose pas lui dire de remettre sa visite à une autre date, quitte à me laisser envahir

A. Pas de problèmes, j'adore être entouré même si les nombreux liens avec des tas de personnes sont superficiels.

B. Etant donné que je ne fonctionne qu'avec un petit groupe de personnes proches je dis simplement de remettre la visite à une date ultérieure.

Question 4 : Vous investissez-vous dans vos relations ?

C. Oui énormément, je donne tout ce que j'ai aux gens que j'aime quitte à ne pas me préserver.

B. Oui je peux compter sur mon petit cercle et ils peuvent compter sur moi en retour.

A. Non pas vraiment, je multiplie les rencontres sans approfondir les relations.

Vous avez une majorité de réponses A.
Vous êtes VERT CLAIR :

Vous êtes une personne avec une sensibilité importante, vous êtes peut-être quelqu'un de timide, gentil ou arrangeant ; ce qui peut amener à une forme de naïveté. Attention de ne pas vous faire abuser par des individus intéressés.
Vous aimez être entouré de beaucoup de monde et faire beaucoup de rencontres. Ce type de relation vous convient, bien que le lien que vous entretenez avec elles peut être superficiel.

Vous avez une majorité de réponses B.
Vous êtes VERT VIF :

La relation que vous préférez est celle avec uniquement les personnes les plus importantes dans votre cœur (conjoint, enfants, parents, frère/sœur) mais l'essentiel étant un nombre de personne très réduit mais qui vous est cher.
Vos relations sont saines et équilibrées. Les échanges et le partage avec votre petit cocon vous comblent de bonheur.

Vous avez une majorité de réponses C.
Vous êtes VERT FONCE :

Vous êtes une personne très gentille… et même trop ! Vous aimez faire plaisir autour de vous quitte à ne pas oser poser de limites. Le risque étant de ressentir un sentiment d'envahissement par autrui.

Vous aimez vous retrouver en clan (famille, amis), vous avez un gout pour les relations humaines, vos relations sont profondes avec votre entourage mais pour autant n'hésitez pas à leur dire NON lorsque vous en ressentez le besoin.

Chapitre 9 :
Le bleu

Nous allons à présent aborder le bleu. Il s'agit de la couleur de la communication et de la création.

BLEU CLAIR :

- Ne s'écoute pas assez
- Déconnecté de sa petite voix
- Dans sa bulle
- Non-dits et secrets
- A du mal à passer à l'action
- A des difficultés à exprimer son point de vue

BLEU VIF :

- Communication fluide
- S'exprime en sachant trouver les mots justes
- Ecoute ses intuitions
- Créé
- Donne forme à ses idées

BLEU FONCE :

- Hyperactif
- Créateur
- Guidé par ses intuitions
- Authentique
- Sans filtre
- Bon orateur
- Parfois trop bavard

Quel bleu êtes-vous ?

Nous allons maintenant nous intéresser à quelle variété de bleu vous vous rapprochez.

Question 1 : Vous et la communication, vous diriez que vous êtes… :

    C. Un moulin à parole
    A. Discret et silencieux
    B. A l'aise avec l'expression orale

Question 2 : Quelle affirmation vous correspond le mieux :

    C. Authentique et sans filtre, je dis les choses franchement, sans détour ; on dit bien que toutes les vérités sont bonnes à dire !
    B. J'arrive à transmettre mon point de vue clairement mais avec des mots posés et apaisés
    A. J'ai du mal à exprimer ce que je ressens, je suis timide ou réservé(e)

Question 3 : Vous devez fabriquer un objet décoratif avec de la récupération, comment vous en sortez-vous ?

A. J'ai du mal à me projeter dans la fabrication

B. Après un peu de réflexion, j'arrive à crée un objet sympa et original.

C. Je suis un créateur né(e), ma fabrication va être un véritable succès.

Question 4 : Quel mode de communication vous correspond ?

B. Je peux parler en public mais je peux également m'exprimer par une activité artistique (danse, théâtre).

A. Je préfère ne pas dire ce que je pense.

C. Je suis un grand communiquant, c'est inné en moi. Même si parfois je ferai mieux de tourner sept fois la langue dans ma bouche avant de parler.

Vous avez une majorité de réponses A.
Vous êtes BLEU CLAIR :

La communication, qu'elle soit orale ou créative n'est pas le domaine dans lequel vous vous sentez le plus à l'aise.

Vous êtes quelqu'un de plutôt secret, timide ou réservé. Vous ne dites pas souvent ce qui ne vous convient pas, vous préférez le garder pour vous.

Vous avez tendance à vous enfermer dans votre petite bulle plutôt qu'à vous exposer aux yeux des autres.

Essayez de ne pas vous oublier et écoutez-vous davantage.

Vous avez une majorité de réponses B.
Vous êtes BLEU VIF :

Vous êtes une personne qui sait s'exprimer correctement à l'oral, qui est relativement à l'aise, qui sait transmettre ses idées par une communication fluide. Vous pouvez aussi vous exprimer avec l'intermédiaire de votre corps dans des activités artistiques.

Vous êtes également quelqu'un qui peut être créatif, vous êtes à l'écoute de vos intuitions et vous mettez en forme vos idées.

Vous avez une majorité de réponses C.
Vous êtes BLEU FONCE :

Vous êtes un très bon orateur, mais attention à ne pas trop parler. Vous dites les choses telles que vous les ressentez mais la personne en face de vous peut avoir une sensibilité différente de la vôtre et cela peut blesser votre interlocuteur.
Vous êtes également un très grand créatif, peut-être une âme d'artiste peut se révéler par la suite ? En tout cas, vous avez des idées, vous êtes guidé par vos intuitions (souvent bonnes) et vous savez passer à l'action.

Chapitre 10 :
L'indigo

La couleur suivante est l'indigo. C'est la teinte de la prise de conscience ; un retour à soi afin d'aller au fond de ses pensées pour mieux s'éveiller.

INDIGO CLAIR :

- S'oublie au profit de l'autre
- Période de prise de conscience
- Perd son propre chemin en fusionnant
- Evite de faire des vagues
- Suit le troupeau, a du mal à prendre des décisions
- La réalité ne ressemble pas à ce qu'on s'imaginait

INDIGO VIF :

- Vis dans l'instant présent
- Tire des leçons du passé
- Personne responsable
- Sait ce qu'il veut
- Concentré
- Conscient des situations et des enjeux

INDIGO FONCE :

- Centré
- Grand alignement intérieur
- Sait ce qui est bon pour soi
- Déterminé
- Choix faits en conscience

Quel indigo êtes-vous ?

Nous continuons notre série de quiz pour déterminer quel indigo se rapproche le plus de votre personnalité.

Question 1 : Vous allez débuter un nouveau job, comment imaginez-vous que cela va se passer ?

C. J'ai longuement réfléchi avant d'accepter cet emploi, je suis donc convaincu(e) que c'est ce qu'il y a de mieux pour moi.
A. J'ai imaginé ce nouveau job, je m'y vois déjà, j'envisage ma journée de travail type..
B. Je pense avoir pris la bonne décision, nous verrons le jour J ce que cela donner.

Question 2 : Comment je réagis si quelqu'un critique ma façon d'aborder un sujet ?

A. J'écoute souvent l'avis des autres et je suis capable de modifier ce que j'avais prévu si l'on me donne un conseil allant dans ce sens.
B. Seul mon avis compte, je ne perds pas de vue mon objectif.
C. Cela ne m'atteint pas, j'ai tout calculé avant d'agir.

Question 3 : Quelle phrase me correspond le mieux :

A. Je fais passer les autres avant moi.
C. Je sais ce qui est bon pour moi.
B. Je tire des leçons du passé.

Question 4 : Vous êtes au bord d'une plage en famille comment agissez-vous ?

B. Je profite à fond de l'instant présent.
A. Je prends conscience qu'il faut que je profite davantage de ces moments précieux plutôt que mon esprit vagabonde à ce que je dois faire ce soir ou demain.
C. Je ressens un profond moment de sérénité, je suis en paix.

Vous avez une majorité de réponses A.
Vous êtes INDIGO CLAIR :

Vous avez tendance à faire passer les autres avant vous et à ne pas vous écouter. Vous vivez souvent en fonction des autres. Il est important de ne pas perdre votre propre chemin en fusionnant.

L'indigo clair symbolise une période de prise de conscience et malheureusement parfois la réalité ne ressemble pas à ce qu'on s'imaginait.

Vous avez une majorité de réponses B.
Vous êtes INDIGO VIF :

Vous êtes une personne relativement positive.

Vous savez vivre l'instant présent tout en faisant des projets pour votre avenir.

Vous êtes une personne responsable qui sait tirer des leçons du passé afin de ne pas renouveler les mêmes erreurs. Vous êtes conscient(e) des situations et des enjeux.

Vous avez une majorité de réponses C.
Vous êtes INDIGO FONCE :

Vous êtes une personne plutôt centrée et déterminée.

Vous savez ce qui est bon pour vous, lorsque vous prenez une décision, vous avez anticiper l'ensemble des conséquences de vos actes ; les choix sont faits en pleine conscience et vous faites le maximum pour atteindre vos objectifs.

Vous ne vous laissez pas influencer par qui que ce soit, si ce n'est par vous-même car vous savez vous écouter intérieurement.

Chapitre 11 :
Le violet

Maintenant place à la dernière couleur de l'arc-en-ciel : le violet. Cela aborde le leadership de chacun, la discipline, l'éducation et les règles.

VIOLET CLAIR : dit la couleur de l'adolescence

- Manque de modèle à suivre
- Manque de cadre
- Manque d'expérience
- Manque de discipline
- Autorité mal supportée
- Tendance à la rébellion

VIOLET VIF :

- Autodiscipline
- Maîtrise de soi
- Se montre fiable
- Sérieux
- Respecte ses engagements
- Goût pour les rituels

VIOLET FONCE :

- Quête de perfection
- Parfois très directif
- Ame de chef, leader, enseignant
- Exigence
- Obstination
- Se Blinde, se coupe de son corps et de ses émotions.

Quel violet êtes-vous ?

Enfin, nous allons effectuer le dernier petit test de couleur avec la dernière teinte de l'arc-en-ciel : le violet.

Question 1 : Comment réagissez-vous face à l'autorité en entreprise ?

> B. Je suis quelqu'un qui respecte ce qu'on lui demande, je peux également être force de proposition
> A. Je ne supporte pas que l'on me donne des ordres.
> C. L'autorité ? C'est moi ! Je suis un leader, j'ai une âme de chef.

Question 2 : D'après vous, quel est le trait de caractère qui vous définit le mieux ?

> C. Perfectionniste
> B. Fiable
> A. Rebelle

Question 3 : Si vous étiez chef d'entreprise, comment vous comporteriez-vous ?

B. En travaillant dur et sérieusement, je pense que j'arriverai à de bons résultats.
C. Je serai à ma place, moi qui dirige ma vie d'une main de fer.
A. Je serai perdu, mon manque d'expérience risquerait de me faire défaut.

Question 4 : Et à la maison, comment vous impliquez-vous ?

A. J'ai des difficultés avec la notion de règles et de contraintes
B. Ma famille peut compter sur moi quoi qu'il arrive
C. J'ai tendance à dicter à chacun quoi faire, quand le faire et comment le faire.

Vous avez une majorité de réponses A.
Vous êtes VIOLET CLAIR :

Je surnomme cette couleur, la couleur de l'adolescence (mais souvent avec l'expérience et l'âge avançant on s'en rapproche aussi dans certains aspects) : en effet, vous pouvez être plutôt rebelle ; vous avez du mal avec l'autorité que l'on vous impose. Vous avez envie de vous écouter et de vous faire plaisir.

Vous ne voulez pas entrer dans un moule, un cadre en obéissant à la norme imposée ; vous voulez vivre pour vous, faire ce que vous voulez et arrêter de faire des concessions uniquement « pour faire plaisir aux autres »

Vous avez une majorité de réponses B.
Vous êtes VIOLET VIF :

Vous êtes quelqu'un qui se montre fiable et sérieux ; qui respecte ses engagements. Vous avez conscience des conséquences de vos paroles et de vos actes, ainsi vous ne vous engagez pas à la légère.

Vous êtes respectueux des règles et des institutions, vous faites preuve d'autodiscipline et vous représentez une personne sur qui on peut compter et s'appuyer.

Vous avez une majorité de réponses C.
Vous êtes VIOLET FONCE :

Vous êtes quelqu'un d'exigeant (envers vous-même comme envers les autres). Vous passez parfois pour une personne de très directive qui dicte un peu sa loi. Vous avez une âme de dirigeant, de leader (soit c'est dans votre tempérament, soit par votre fonction professionnelle ou autre comme un enseignant par exemple).
Attention à ce que cette rigidité ne vous fasse pas vous blinder et ainsi oublier votre corps et vos émotions. Lâchez un peu du lest avec cette droiture et amusez-vous un peu ☺

Chapitre 12 :
Les couleurs pour prendre soin de soi

Les 8 couleurs que nous allons aborder maintenant invitent à prendre soin de soi et à s'écouter davantage. Ce sont des teintes qui peuvent parfois avec une signification difficile mais rappelez-vous que dans chaque couleur il y a toujours un côté positif ou une invitation à une réflexion pour sortir de la tourmente ou évoluer.

- **LE NOIR**

    - Deuil, rupture
    - Transformation en cours
    - Il est temps de tourner la page
    - Manque de visibilité sur l'avenir
    - Se fait volontairement oublier
    - En marge du système
    - Cherche à refaire le monde ou fabrique son monde
    - Peurs possibles, redoute l'échec
    - Personnes ou situations à accepter telles qu'elles sont

- **LE BLANC**

  - Patience nécessaire
  - La sortie du tunnel est proche, mais il faut encore un peu patienter
  - Existence d'un frein (inconscient) qui empêche d'avancer
  - Nouveauté dans votre vie
  - Nouveau regard sur le monde
  - Développement de projets
  - Possible manques de repères
  - Recommence inconsciemment la même histoire
  - Ne se prononce pas, ne sait pas (la feuille blanche)
  - Besoin de légèreté

- **LE GRIS**

  - Doutes
  - Confusions
  - Période de bilan
  - Peser le pour et le contre
  - Décisions à prendre
  - Rappel du libre arbitre
  - Perturbation passagère

- **LE MARRON**

  - Poids du passé
  - Poids des traditions familiales
  - Blocages physiques ou autres
  - Sensation de lourdeur
  - Nécessité de ménager le corps
  - Tend à un meilleur confort
  - Invitation à avoir moins en nombre mais de meilleure qualité

- **LE POURPRE**

  - Situation de stress
  - Situation d'urgence
  - Stop à la fuite
  - Nécessité de trancher
  - Doit rebondir, doit prendre le taureau par les cornes
  - Envie d'accomplir certaines choses

- **LE KAKI**

  - Manque affectif
  - Besoin d'amour
  - A du mal à dire non
  - Ne veut pas déplaire
  - Nettoyage relationnel nécessaire
  - Don de soi à l'extrême

- **LA PRUNE**

  o Besoin d'évoluer, il y a tout à réinventer
  o En décalage avec son époque
  o Coincé entre l'ancien et le nouveau
  o Changement d'un mode de vie, on liquide l'ancien
  o Réconciliation avec une partie de soi jusque-là oubliée.
  o Retrouve son chemin
  o Etre vrai à part entière

- **LE TURQUOISE**

  o Guérison en cours
  o Libération d'un état
  o Libération d'une situation
  o Sentiment d'impuissance parfois
  o S'en remettre à plus grand que soi
  o Le passage en force n'est pas la solution

Chapitre 13 :
Les couleurs
bienveillantes

Et enfin, les 13 dernières couleurs font parties de la catégorie des couleurs invitant à la bienveillance comme le fuchsia, le multicolore, l'ocre, le caramel, le rose, le nacre, le sable, le transparent, le lilas, le safran, l'or, l'argent et le bronze.

- **LE FUCHSIA**

  - Blessure d'enfance
  - Complexe à guérir
  - Oser être soi en tant que personne unique
  - Cesser de se juger (bienveillance)
  - Cesser de se comparer aux autres
  - Ne pas se mettre des objectifs inatteignables, risque de déception

- **LE MULTICOLORE**

  o Diversité
  o Faculté d'adaptation
  o Curieux
  o S'intéresse à tout
  o Risque de se disperser
  o Risque d'en faire trop
  o Rassemble les gens
  o Créer les liens
  o Esprit d'équipe

- **L'OCRE**

  o Conscient d'être le seul maître de sa vie
  o Croit en son pouvoir personnel
  o L'élan doit partir de soi
  o Fait des choix respectueux
  o Est équitable dans ses engagements et relations
  o On a tous un pouvoir, une puissance

- **LE CARAMEL**

  - Equilibre
  - Doit faire preuve de souplesse
  - Raisonnable
  - Calme son mental
  - Visualise son avenir
  - Se prépare aux changements

- **LE ROSE**

  - Besoin de repos
  - Nouvelle inspiration
  - Retour à la santé (en voie de guérison)
  - Rétablissement prochain, prend soin de sa santé
  - Besoin de douceur et tendresse avec soi-même
  - Variation du moral : saute d'humeur

- **LE NACRE**

  - Médiateur
  - Conciliateur sans prendre parti
  - Désamorce les conflits / déclenche la paix
  - Voit au-delà de l'apparence
  - Perception extra-lucide
  - Peut « se refermer comme une huitre »
  - Quiétude apparente mais peut péter les plombs

- **LE SABLE** dit la couleur du vacancier

  - Besoin de faire une pause
  - Besoin de vacances
  - Repos du guerrier
  - Disponible
  - Fait les choses avec simplicité
  - Plénitude de l'instant présent
  - Ne se soucie pas du lendemain
  - « Tout vient à point à qui sait attendre »

- **LE TRANSPARENT**

    o Lâcher prise
    o Tout est possible mais rien n'est sûr
    o Tente sa chance sans se bloquer sur d'éventuels retour, ou pas
    o Sème des graines
    o Qui vivra... verra
    o Vit à son rythme

- **LE LILAS**

    o L'imprévu
    o Les farces de Dieu
    o L'ironie du sort
    o La vie met sur le chemin une surprise

- **LE SAFRAN** dit la couleur du moine

  - Se recentre sur l'essentiel
  - Favorise la qualité à la quantité
  - Invitation à aller au cœur des choses, à la racine
  - Fait la différence entre une envie et un besoin réel
  - Sait se contenter de ce qu'il a
  - Capacité à voir le beau, le vrai
  - Si l'on est un peu plus moine dans la vie on est plus heureux.

- **L'OR**

  - Met en application ce qui est dit
  - C'est le moment d'entreprendre
  - Est positif, à foi en ce qui est entrepris
  - Investi d'une mission
  - Est un messager qui apporte une bonne nouvelle
  - Attention à ne pas faire passer sa vie privée au second plan

- **L'ARGENT**

  - La sagesse de ne pas entreprendre d'action
  - Ce n'est pas le moment d'agir
  - A foi en la vie, rien de malencontreux ne peut arriver
  - Profonde sensation de paix intérieure
  - Une opportunité offerte sur « un plateau d'argent »

- **LE BRONZE**

  - Esprit vif, saisi rapidement les choses
  - Recherche parfois l'ultra-perfection
  - Maîtrise de soi, ne perds pas le contrôle
  - Repousse ses limites
  - Sens aigu de la justice, ne supporte pas les injustices
  - Peut parfois être susceptible

Chapitre 14 :
Le tirage de cartes

Maintenant que nous avons abordé la signification des 42 cartes, nous allons faire une simulation de comment réaliser un tirage de 7 cartes.

Dans un premier temps, il faut mélanger le jeu de cartes et les aligner la face de la couleur contre la table afin de les « tirer » à l'aveugle.

Comme je l'avais évoqué précédemment voici comment se déroule un tirage.

Il faut demander à la personne de tirer une carte en pensant à son chakra racine, puis de tirer une carte en pensant à son chakra sacré, ensuite au chakra plexus solaire, suivi du chakra cœur, au chakra gorge, au chakra troisième œil et enfin au chakra couronne.

A ce stade 7 cartes ont donc été tirées.

Il est nécessaire de les maintenir dans l'ordre qu'elles ont été prises en main car comme je l'avais indiqué en début d'ouvrage chaque chakra à une signification particulière donc l'ordre est important.

Vous pouvez retourner l'ensemble des cartes en les mettant verticalement de bas en haut (la première carte tirer se positionne la plus en bas et on remonte au fur et à mesure).

Cette position représente le corps humain.

Le chakra racine (de couleur rouge) correspond à « ce que je suis » : la première carte tirée dans notre cas est le VERT FONCE.

Je suis donc quelqu'un de très généreux, parfois trop ! Je peux avoir des difficultés à poser des limites, et de ce fait un envahissement par autrui est possible. Mais préférant me retrouver en petit clan, il est important de s'écouter et de s'affirmer car malgré tout j'ai un goût pour les relations humaines.

Le chakra sacré (de couleur orange) correspond à « ce que je ressens » : la deuxième carte tirée ici est le JAUNE CLAIR.

J'ai donc l'impression de manquer de cadre, de connaissance et d'organisation. Peut-être suis-je un peu débordée en ce moment ? ou est-ce une remise en question, un changement d'orientation qui fait que je suis en quête d'identité et que je gagnerai à étudier davantage pour murir le projet. Dans ce dernier point on peut estimer que je manque de confiance en moi.

Le chakra plexus solaire (de couleur jaune) correspond à comment je suis perçue par autrui. Dans notre cas la carte est le BLEU VIF.

Les autres me voient comme quelqu'un qui a une communication fluide, qui s'exprime en sachant trouver les mots justes, qui créer et donne forme à ses idées.

Après le tirage de ces trois cartes on peut voir une grande différence entre ce que je suis ; ce que je ressens et comme les autres me voient...

Le chakra suivant est le chakra cœur (de couleur vert). Ce chakra correspond à ce que « j'aime ou je m'aime ». Ici on abordera le NOIR.

Ce chakra vous invite à être bienveillant envers vous-même.

En effet, avec le noir, cela exprime des transformations en cours ; c'est pourquoi il est possible de ressentir certaines peurs. Soyez indulgent envers vous-même. Un manque de visibilité sur l'avenir ? Accueillez cette information avec douceur et acceptez d'être dans cette période de latence. Le noir c'est aussi le fait d'accepter les personnes ou les situations telles qu'elles sont sans amertume.

Le chakra de la gorge (couleur bleu) aborde la communication. Dans notre exemple nous allons développer l'INDIGO FONCE.

Je sais exprimer ma détermination, ainsi que ce qui est bon pour moi. Cette couleur souligne un grand alignement intérieur. Avec cette couleur, je sais informer les personnes qui m'entourent que mes choix sont faits en conscience.

Ensuite, le chakra du troisième œil (couleur INDIGO) aborde la prise de conscience. Ici le VIOLET FONCE.

Cette carte signifie que je suis en quête de perfection ; je réalise que parfois je peux être très directif mais également que j'ai une âme de leader. Je prends conscience que je suis quelqu'un d'exigeant mais également que je me blinde et que je me coupe de mon corps et de mes émotions. En prendre conscience est un premier pas pour y remédier.

Enfin, le dernier chakra est le chakra couronne (couleur VIOLET). Il permet de réfléchir à « ce vers quoi je tends ».

La carte tirée est le ROUGE CLAIR.

Traditionnellement cette couleur exprime un manque de volonté, d'énergie vitale, un sentiment de solitude et un redémarrage à zéro en cours.

Lorsque l'on compare cette carte avec celles abordées précédemment ; nous pouvons avoir l'impression qu'elle est en décalage.

Néanmoins, il faut le voir autrement et se dire que le côté déterminé, qui fait des choix réfléchis, etc. est quelqu'un en mouvement, qui ne s'arrête jamais, qui ne se repose pas. Ainsi le rouge clair montre une fatigue et un besoin de légèreté pour recharger les batteries.

Parfois quelqu'un qui en fait « trop » peut avoir ce type de couleur qui va faire réfléchir, un petit électrochoc afin de se préserver pour ne pas arriver au stade du burn-out ou de la dépression.

Néanmoins, je tiens à rappeler que le tirage de cartes est une simple réflexion sur son état d'esprit du moment mais ne se substitue en aucun cas à un avis et à un traitement médical.

Si vous optez pour un tirage de deux cartes seulement, le mécanisme du tirage reste le même mais vous pouvez vous demander à la première carte « comment je vais » et à la deuxième « de quoi j'ai besoin »

Chapitre 15 :
Mise en relation entre couleur et bien-être

Comme je vous l'ai indiqué en début d'ouvrage, au commencement, j'ai découvert les couleurs en faisant une formation dans le bien-être et j'ai eu envie d'en savoir davantage.

A ce moment-là, j'apprenais différentes techniques de massage bien-être afin de créer mon entreprise.

J'ai donc assisté à une formation intitulée « massage et couleurs ».

Le thème étant : Comment peut-on mettre en relation les couleurs et les modelages ?

Tout simplement grâce à la signification des couleurs nous adaptons notre massage bien-être pour correspondre au besoin de notre client.

Lorsque j'effectue un tirage de cartes de couleurs, j'ai déjà aborder ce sujet que l'ordre du tirage est important car il correspond à un chakra précis et celui-ci est également relié à une partie du corps.

Nous effectuons donc le tirage des sept cartes correspondant à chacun des chakras et nous analysons ensuite l'ensemble des cartes sélectionnées.

Il est important d'échanger avec la personne pour avoir davantage d'indications sur son état physique et psychologique.
Je peux lui poser quelques questions simples pour savoir comment elle va ? Si elle traverse une période de turbulence dans sa vie ? Etc.

Ainsi, par exemple, la première carte tirée sera en relation avec le chakra racine qui lui-même correspond au bas du corps (de la pointe des pieds, des jambes et jusqu'aux cuisses).

Grâce à cet élément, si la couleur tirée indique un manque d'énergie ou un besoin de tonus ; lorsque je m'occuperai de masser cette partie du corps je ferai un modelage un peu tonique, énergisant, drainant.
Au contraire, si la personne a besoin d'apaisement, de calme et de douceur je pratiquerai un massage plus doux, plus cocooning.

Evidemment chaque partie du corps n'a pas le même besoin c'est pourquoi il est nécessaire d'adapter à chaque partie du corps (comme nous l'avons vu relié à chaque chakra) un modelage personnalisé.

Plus simplement dit, le massage sera fait avec une intensité différente, une pression plus ou moins importante...

L'idée est vraiment d'effectuer une prestation sur mesure. Il est primordial de s'adapter à chaque client au moment précis où le modelage a lieu.

Cela permet d'aller au plus près des besoins de la personne et que celle-ci prenne conscience des zones de son corps qui sont les plus affectées.

En effet, la même personne peut un jour avoir un besoin et quelques jours plus tard un autre totalement différent.

Il est normal qu'en fonction de notre humeur, de notre état d'esprit du moment et de notre forme physique aussi d'effectuer le modelage le plus adéquat car le besoin ne sera pas le même.

Chapitre 16 :
Les expressions françaises

Maintenant que vous connaissez la signification des couleurs, vous allez aborder certaines expressions de la langue française différemment et peut-être réfléchir à pourquoi telle ou telle couleur a été choisi dans l'expression.

Je vous en indique quelques-unes en pêle-mêle que nous utilisons régulièrement... Nous allons en voir de toutes les couleurs !

⇨ Etre rouge de colère (être très en colère)
⇨ Donner carte blanche (donner toute latitude)
⇨ Faire grise-mine (être contrarié)
⇨ Se mettre au vert (aller se reposer à la campagne)
⇨ Etre dans le noir le plus total (ne rien comprendre)
⇨ Voir la vie en rose (être optimiste)
⇨ Avoir un blanc (un trou de mémoire)
⇨ Avoir la main verte (doué pour le jardinage)
⇨ Avoir une peur bleue (avoir très peur)

⇨ Broyer du noir (être déprimé, triste)
⇨ Etre marron (s'être fait avoir)
⇨ Avoir un cœur d'or (être généreux)
⇨ Etre blanc comme neige (être innocent)
⇨ Voir rouge (violent accès de colère)
⇨ Faire travailler sa matière grise (réfléchir)
⇨ Rire jaune (rire de façon forcée)
⇨ Se prendre une prune (une amende)
⇨ Jeter l'argent par les fenêtres (dépensier, gaspillage)
⇨ Etre vert (être vexé)
⇨ Le silence est d'or (le silence est précieux)
⇨ Ce n'est pas tout rose (ce n'est pas agréable, pas facile)
⇨ Etre un cordon bleu (bon cuisinier)
⇨ La nuit, tous les chats sont gris (facile de se tromper)
⇨ Donner le feu vert (donner son accord)

Chapitre 17 :
En conclusion

Après avoir étudié les 42 couleurs présentes dans ce livre dont les 7 couleurs principales de l'arc-en-ciel qui ont été davantage développées, vous avez à présent les premières clefs pour connaitre et interpréter les couleurs.

Les couleurs peuvent être analysées lors de tirage de cartes (que ce soit pour révéler notre humeur du moment ou coupler à un modelage).

Nous avons vu qu'étant donné la forte présence des couleurs autour de nous ; nous pouvons les aborder par la décoration de notre maison, par la façon de nous vêtir et également lors d'expressions de la langue française car elles sont souvent reprises.

Les couleurs peuvent aussi être rapprochées aux différentes saisons, à notre alimentation (une assiette avec des aliments colorés comme une belle salade composée peut donner envie d'être mangé) mais aussi à la faune et la flore qui nous entoure.

Par exemple : je trouve une fleur jolie. Qu'est-ce qui m'attire ? Est-ce la forme de la fleur ? Son parfum ? Ou sa couleur ?

N'hésitez pas si un thème vous inspire (des objets, des vêtements, des éléments de la nature) à approfondir pour savoir qu'est-ce qui vous plait et si la signification de la couleur vous correspond sur l'instant.

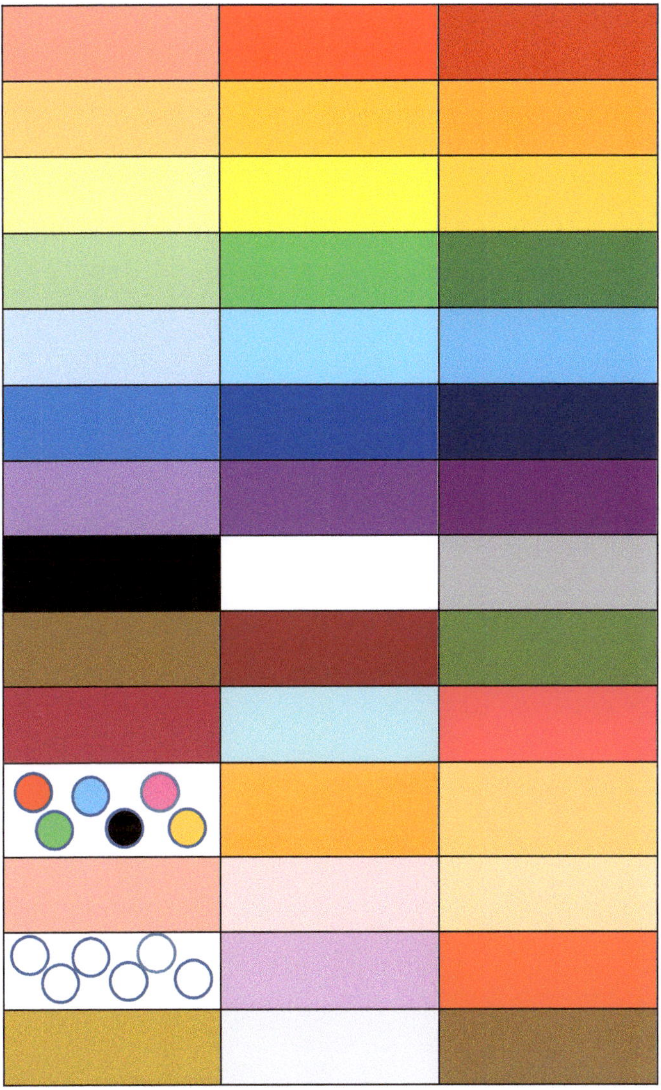

ROUGE CLAIR	ROUGE VIF	ROUGE FONCE
ORANGE CLAIR	ORANGE VIF	ORANGE FONCE
JAUNE CLAIR	JAUNE VIF	JAUNE FONCE
VERT CLAIR	VERT VIF	VERT FONCE
BLEU CLAIR	BLEU VIF	BLEU FONCE
INDIGO CLAIR	INDIGO VIF	INDIGO FONCE
VIOLET CLAIR	VIOLET VIF	VIOLET FONCE
NOIR	BLANC	GRIS
MARRON	POURPRE	KAKI
PRUNE	TURQUOISE	FUSCHIA
MULTICOLORE	OCRE	CARAMEL
ROSE	NACRE	SABLE
TRANSPARENT	LILAS	SAFRAN
OR	ARGENT	BRONZE